DE L'INDEMNITÉ

DES

ANCIENS COLONS

De Saint-Domingue,

ET DE LA NÉCESSITÉ D'EMPÊCHER DE SUITE

LA CONTINUATION DU PAIEMENT DU PREMIER CINQUIÈME

Et de ses Intérêts,

Par M. Gautier Bouvier.

PARIS.

CHEZ BRÉAUTÉ, LIBRAIRE,

PASSAGE CHOISEUL, N° 60.

1832.

PARIS. — IMPRIMERIE DE SELLIGUE,
Rue des Jeûneurs, n. 14.

DE L'INDEMNITÉ

DES ANCIENS COLONS

DE SAINT-DOMINGUE.

La loi du 30 avril 1826 porte que la somme de 150,000,000, affectée aux anciens colons de Saint-Domingue, sera répartie entre eux intégralement, sans aucune déduction, au profit de l'État (art. 1er de la loi.)

La répartition de l'indemnité devait être faite par une Commission, qui fut, en effet, nommée par ordonnance du 9 mai 1826.

L'indemnité devait être délivrée, par cinquième, avec l'intérêt, aussitôt que la partie correspondante des 150,000,000 affectée à l'indemnité aurait été versée à la Caisse des Consignations.

L'excédant ou le déficit devait accroître ou diminuer le dernier cinquième.

Ces dispositions n'étaient pas nouvelles; déjà, lors de la loi du 27 avril 1825, sur l'indemnité des émigrés, on avait arrêté à peu près les mêmes dispositions.

Néanmoins, une dissemblance grave existait déjà entre les deux indemnités.

Jamais le moindre doute d'un défaut de paiement ne s'était élevé à l'occasion de l'indemnité des émigrés, et dès le 31 décembre 1825, avant que la loi sur l'indemnité des colons fût sanctionnée, il manquait 700,000 fr. pour compléter le premier cinquième de l'indemnité due par Haïti.

Cette circonstance ne fut point assez remarquée; on avait confiance dans des relations nouvelles, inconnues jusqu'à ce jour, et les colons espéraient qu'Haïti pourrait et voudrait faire honneur à des engagemens qu'il avait sollicités.

Cette espérance est aujourd'hui à peu près perdue; il est peu de colons qui croient au paiement des quatre cinquièmes de l'indemnité, et il est sage de n'y pas compter.

L'attention des colons doit se porter sur le premier cinquième déposé (moins 700,000 fr.) à la Caisse des Consignations, et tous agissent, en effet, ou ne demandent pas mieux que d'agir pour retirer le plus tôt possible des coffres de la Caisse leur part d'indemnité.

Si chacun désire arriver à ce but, il ne s'ensuit pas que la chose soit facile et possible pour tous; au contraire, mille difficultés se présentent, et c'est avec une peine extrême, après un temps et des dépenses incroyables, qu'on arrive enfin à recevoir un mandat pour toucher le premier cinquième de l'indemnité allouée.

Mais combien de colons ne sont pas assez heureux pour toucher leur premier cinquième; combien d'entre eux attendent et attendront encore long-temps !

Il y a plus: le moment est venu de le dire hautement; beaucoup de colons ne seront pas payés.

Si la vérité est effrayante à révéler, ce n'est pas un motif pour la cacher plus long-temps: il faut d'autant mieux la faire connaître aujourd'hui, qu'elle apportera un remède aux maux des anciens colons, à leurs longues infortunes; si tant est qu'on puisse regarder comme une compensation sortable le paiement offert à ces infortunés du cinquantième de ce qu'ils ont perdu.

Il est à croire que l'indemnité de Saint-Domingue aura été plus nuisible que profitable aux colons et à leurs héritiers : tout semble conspirer pour continuer leurs malheurs ; et cependant, aujourd'hui que le mal est fait, chaque intéressé doit veiller à la défense de ses droits, à la conservation de ce qui lui appartient.

Dans quelle position se trouvent donc les anciens colons ?

Leur indemnité est-elle assurée ?

Les droits de chacun sont-ils réglés ?

La répartition ordonnée est-elle faite ?

Le premier cinquième de leur indemnité leur sera-t-il payé ?

Voilà ce que demandent souvent des réclamans à leurs mandataires.

Voici ce que l'un d'eux apprend aujourd'hui.

Le résultat de la liquidation générale de l'indemnité des anciens colons de Saint-Domingue est encore incertain.

M. le commissaire du roi, près la Commission, a annoncé au Directeur de la Caisse des Consignations que les indemnités liquidées et à liquider excéderaient de 10 à 12,000,000 l'indemnité stipulée avec Haïti.

Il manque toujours 700,000 francs, pour parfaire les 30,000,000, montant du premier cinquième de l'indemnité.

De plus, le gouvernement prétend mettre à la charge des colons les frais de liquidation, qui s'élèveront à plusieurs millions.

La marche de la liquidation a été faussée ; la répartition ordonnée par la loi n'a pas été faite, et cependant on paie le premier cinquième de l'indemnité, sans savoir s'il y aura fonds suffisans pour tous.

Jusqu'à ce jour la Caisse des Consignations avait refusé de payer l'intérêt du premier cinquième, sur le motif que ceux qui le demandaient avaient déjà trop reçu, puisqu'il y a insuffisance de fonds; mais un arrêt de la Cour royale de Paris vient de lui enjoindre de payer ces intérêts.

Tels sont les faits; en voici les conséquences :

Depuis que la Caisse a commencé le paiement des premiers cinquièmes des indemnités liquidées au profit des colons, (ce qu'elle n'aurait jamais dû faire, ainsi qu'on le prouvera plus bas) elle avait constamment refusé de payer l'intérêt dudit premier cinquième, se fondant alors, avant même de savoir si les indemnités liquidées n'excéderaient pas 150,000,000, sur ce que le premier cinquième n'avait pas été intégralement versé entre ses mains.

Cette résistance de la Caisse a été vivement combattue par les héritiers d'un sieur Charrier de Bellevue, ayant droit à l'indemnité, et qui ont touché leur premier cinquième sans l'intérêt.

Les héritiers Charrier de Bellevue, voulant contraindre la Caisse à payer les intérêts du premier cinquième de leur indemnité, ont fait assigner son Directeur devant le tribunal de première instance de la Seine, pour s'entendre condamner au paiement des intérêts.

Un jugement, rendu en la deuxième chambre dudit tribunal, le 28 janvier dernier, a condamné la Caisse des Consignations à payer aux héritiers Charrier de Bellevue les intérêts de leur premier cinquième.

Le Directeur de la Caisse ayant interjeté appel de ce jugement, il est intervenu, le 14 février suivant, en la première chambre de la Cour royale, séant à Paris, un arrêt qui a confirmé purement et simplement le jugement dont était appel.

Aussitôt, plusieurs centaines d'assignations en paiement d'intérêts du premier cinquième sont lancées par une multitude d'ayans-droit à l'indemnité, contre le Directeur de la Caisse, qui va se trouver dans la nécessité d'obéir à l'arrêt rendu par la Cour, et de payer les sommes requises.

Il est cependant de l'intérêt des colons qui n'ont pas touché leur premier cinquième que la Caisse ne se dénanttisse pas des fonds qu'elle a entre les mains.

Il y a plus : c'est que le moment est arrivé où il faut arrêter tout paiement, non-seulement des intérêts, mais même de tout le restant du premier cinquième, et cela, parce que plus on ira, plus la Caisse paiera, et plus les intérêts des ayans-droit, non liquidés ou retardataires, seront compromis.

Il est certain que la Caisse compromet, par ses paiemens journaliers, les intérêts des colons; et il est facile de le prouver.

En effet, une indemnité de 150,000,000 a été stipulée par la loi du 30 avril 1826. Pour qui? pour les anciens colons ou leurs héritiers.

Une Commission a été nommée pour reconnaître les droits des colons, et liquider la part de chacun à l'indemnité de 150,000,000.

La Commission a liquidé depuis six ans nombre de réclamations; elle en liquide encore chaque jour. De sorte que dans l'état actuel des choses on peut dire que le résultat de la liquidation est absolument incertain.

Mais s'il était bon de liquider le plus promptement possible les ayans-droit, il y avait péril à les faire payer de suite et intégralement du premier cinquième de leur part à l'indemnité, et à leur délivrer à cet effet des lettres d'avis de paiement, qui étaient de véritables lettres de change tirées sur la Caisse des colons.

Dès l'instant que la somme de 150,000,000 n'était déposée à la Caisse que pour compte des *anciens colons de Saint-Domingue, et pour être répartie entre eux* (article premier de la loi du 30 avril 1826); dès l'instant qu'elle était indivise et que par cela même elle appartenait à tous, ans appartenir à aucun personnellement, on ne devait pa ordonnancer de paiement avant l'entier achèvement des liquidations.

En opérant autrement, on ne pouvait pas manquer de se tromper; 1° parce que les liquidations pouvaient excéder l'indemnité allouée; 2° parce que le premier cinquième n'était pas entièrement versé; 3° parce que, avec le temps, les frais de liquidation, s'ils étaient mis à la charge des indemnisés, pouvaient encore diminuer la somme versée.

La Caisse, qui devait, dès le principe, prévoir un pareil état de choses, a cependant payé et paie encore chaque jour à ceux des indemnisés qui sont en état de recevoir le premier cinquième de leur indemnité, se contentant seulement de retenir l'intérêt; moyen insuffisant pour réparer le mal qu'on lui fait faire.

Il a bien fallu que les colons non liquidés souffrissent que la Caisse payât : étant eux-mêmes dans l'incertitude, ils espéraient d'abord que les 700,000 francs restans, dus sur le premier cinquième seraient versés, puisque les liquidations n'excéderaient pas l'indemnité allouée, et qu'en tous cas, les intérêts des 150,000,000 seraient joints à cette masse considérée comme indivise et non attribuée à chacun particulièrement.

Mais l'arrêt rendu entre les héritiers du sieur Charrier de Bellevue et la Caisse, et seulement contre cette dernière, a jugé le contraire; et si les colons n'y mettent empêchement, les intérêts de tous les premiers cinquièmes des indemnisés vont être payés par la Caisse, et la Caisse, non-seulement continuera de payer le premier cinquième des indemnités qui seront liquidées, mais encore l'intérêt de ces premiers cinquièmes.

Quelle sera alors la position des colons non liquidés ou retardataires?

S'ils sont un an, deux ans et plus, sans pouvoir toucher leurs premiers cinquièmes, ils arriveront peut-être à la

Caisse alors que les 29 millions 300 mille francs auront été distribués aux premiers liquidés, aux plus heureux ou aux empressés; et alors plus d'indemnité pour eux.

Bien certainement ce n'est pas dans un pareil but qu'a été rendue la loi de l'indemnité.

Bien certainement aussi, l'arrêt qui ordonne le paiement des intérêts par la Caisse n'a point été rendu avec une connaissance assez exacte de l'état des choses, ou si la Cour n'a pas pris en considération le refus de payer fait par la Caisse, c'est qu'elle aura considéré que la Caisse ne pouvait comme caisse refuser un paiement ordonné.

L'arrêt peut donc être bien rendu, vis-à-vis de la Caisse, et n'en avoir pas moins des résultats très-funestes.

En effet, c'est à tort que depuis la loi du 30 avril 1826, la Caisse paie les premiers cinquièmes des indemnités liquidées; mais c'est avec raison, qu'à ce premier tort elle refuse d'en ajouter un second, celui des intérêts.

L'indemnité des 150 millions n'appartient à personne, tant que la liquidation n'en est pas faite. De même que, dans un partage de succession, des co-héritiers ne peuvent prétendre à tel ou tel objet dépendant de la masse à partager, de même les indemnisés ne peuvent prétendre à telle ou telle somme dans les 150 millions indivis.

Si 150 millions sont à distribuer aux colons, combien sont-ils pour cette distribution? quelle est la part de chacun? Voilà ce qu'aurait dû demander le Directeur de la Caisse au premier indemnisé qui s'est présenté à elle pour recevoir son premier cinquième.

S'il en avait été ainsi, il n'y aurait pas d'erreur ni de péril à craindre, car les liquidations faites, chaque indemnisé aurait été payé intégralement du montant de la somme à laquelle ses droits auraient été fixés; ou, s'il n'y avait pas eu de fonds suffisans, il aurait subi une réduction au marc le franc.

Au lieu de cela, qu'arrive-t-il aujourd'hui? les deniers sont touchés par des gens qui ont reçu plus qu'il ne doit leur revenir; car s'il n'y a pas de quoi payer tous les indemnisés, il y aura lieu à restitution de la part de ceux qui ont touché leur premier cinquième.

Que serait-ce donc si ceux-là qui ont déjà trop reçu allaient encore recevoir les intérêts d'un capital auquel ils n'ont pas droit!

La loi du 30 avril 1826 n'a alloué une indemnité *qu'aux anciens colons de Saint-Domingue*, c'est-à-dire, à la masse et *pour être répartie entre eux* (art. 1er).

Or, ce n'est pas une répartition que la Commission a faite et sur laquelle la Caisse paie; c'est un paiement pur et simple; et, en admettant que la Caisse soit ou puisse être considérée comme un être passif qui ne doive jamais avoir de volonté et d'intérêt, et qui, sur le vû d'une lettre d'avis doive payer, s'il n'existe pas d'autre empêchement, cette raison ne pourra être opposée à l'indemnisé qui viendra invoquer la loi, et réclamera une répartition qui doit assurer à tous une quote-part légale.

Ainsi donc déjà par le paiement des intérêts, s'il avait lieu, les colons perdraient le peu de sécurité qu'ils pouvaient conserver d'être payés du premier cinquième de leurs indemnités.

Puis ensuite, la Caisse, continuant de payer le premier cinquième et les intérêts, arrivera nécessairement à un épuisement total de fonds, de même que de son côté la Commission de liquidation aura liquidé, admis ou rejeté la dernière réclamation en indemnité; et alors on saura à combien se montent les sommes liquidées au profit de chacun.

On saura si les 150,000,000 sont suffisans pour payer le montant des indemnités liquidées, ou s'il y a boni.

Alors on fera une répartition; car il n'est pas probable

que le chiffre de l'indemnité allouée soit absolument égal au chiffre des liquidations.

Alors, sans doute, s'il y a boni, on augmentera d'autant le premier cinquième de chacun.

Mais s'il y a déficit, il sera trop tard pour réparer ce qui aura été fait.

Sans doute, si les cinq cinquièmes étaient versés à la Caisse des Consignations, on pourrait, au moment où le chiffre des liquidations serait connu, réparer, lors du paiement du dernier cinquième, l'erreur d'une fausse marche et dire à celui qui aurait été liquidé à une somme de 1,000 f., dans la persuasion du paiement total et de sa suffisance, qu'il doit subir une réduction au marc le franc.

Mais cet état de choses, qui serait encore très-prospère, si on le compare à celui qui existe, ne paraît pas devoir se présenter.

Haïti n'est pas en état de payer, ou du moins tout le fait craindre; il n'y a aujourd'hui à Saint-Domingue ni instruction, ni volonté, ni besoin, ni émulation; et ce qui manque surtout, c'est une population assez nombreuse pour que chaque citoyen éprouve des besoins qui le forcent à travailler : tant que les Haïtiens ne travailleront que pour vivre, ils seront incapables de payer l'indemnité.

Il faut donc voir les choses ce qu'elles sont aujourd'hui. Ainsi, sans parler des quatre cinquièmes à venir, il faut penser au paiement du premier cinquième.

Or, ce premier cinquième est-il versé? non; 700,000 fr. manquent pour le compléter.

En admettant donc d'abord que les liquidations opérées et à opérer par la Commission montent par enchantement à la somme ronde de 150,000,000, comment faire pour payer ceux qui auront droit aux derniers 700,000 francs?

Il faut bien remarquer qu'il n'est plus question ici du

paiement des intérêts du premier cinquième ; c'est une seconde question qui s'élève.

Où prendre ces 700,000 fr., quand les 29,500,000 fr., et leurs intérêts auront été payés aux colons liquidés les premiers ?

Certes, quand il n'y aura plus rien dans les coffres de la Caisse des Consignations, ce n'est pas à elle qu'on s'adressera.

Lui dirait-on, par exemple, qu'elle a mal payé? elle répondra ce qu'on lui dit chaque jour : « Je suis sans volonté, » sans intérêt, je suis purement passive, je paie quand on me » l'ordonne, et j'ai versé tous les fonds que j'avais aux colons, » sur les lettres d'avis, auxquelles je me suis conformée.»

Ce ne sera pas non plus au gouvernement, qui n'a pas eu en main ces 700,000 fr.

Il suivrait donc d'un pareil état de choses, si on le laissait subsister, que les fonds manqueraient sur les colons en retard, ou sur les colons liquidés en dernier.

Or, comment pourraient-ils se trouver dans une aussi triste position ?

Ceux qui ont touché leur premier cinquième avaient-ils plus de droits ? étaient-ils privilégiés ?

Non; ils n'avaient pas plus de droits que ceux qui ont eu le malheur d'être liquidés les derniers; ils n'ont reçu que par suite d'une erreur déplorable dont personne n'a songé à arrêter le cours et les effets.

A qui la faute? aux Haïtiens! à la Caisse ! au commissaire du Roi près la Commission!

Les Haïtiens ont eu tort de prendre des engagemens qu'il leur était impossible de remplir; et ceux qui leur ont conseillé de le faire savaient bien qu'ils ne pourraient pas s'exécuter de la manière convenue.

La Caisse, qui a reçu pour compte des colons, ne devait payer qu'à la masse et après répartition; les colons étaient *un* pour elle; elle aurait dû se laisser contraindre; et la question serait jugée depuis long-temps.

Les plus grands torts sont au commissaire du Roi, il n'a pas ignoré un seul instant qu'il manquait 700,000 fr. sur le premier cinquième. Il devait donc faire liquider, et ne pas faire payer de suite le montant des liquidations.

Mais cette raison est bien faible, comparativement à celle qui devait faire la base des opérations.

Comme on l'a dit, plus haut, l'indemnité a été allouée aux anciens colons *pour être répartie entre eux.*

Or, les travaux de la Commission devaient se borner (le premier cinquième n'étant pas encore rempli et faisant douter du paiement des 4 autres) à liquider le plus promptement possible, pour arriver à connaître exactement le montant des liquidations, et établir une répartition proportionnelle, soit des 150,000,000, soit du premier cinquième, soit des sommes versées à compte.

A cela on objectera que l'ordonnance du 9 mai 1826 porte que des lettres d'avis de paiement seront remises aux colons, qui toucheront alors de la Caisse, et qu'on a agi en vertu de l'ordonnance.

On objectera encore que la loi du 30 avril 1826 et l'ordonnance du 9 mai ne peuvent qu'être en harmonie.

On dira enfin que la liquidation dure depuis six ans, et que bien des colons seraient morts de faim, si on leur avait fait attendre la fin de toutes les liquidations.

Ces trois raisons ne sauraient prévaloir; elles sont mauvaises.

La loi et l'ordonnance sur l'indemnité ont été rendues dans la persuasion du paiement intégral de l'indemnité; car l'article 8 de la loi dit que l'indemnité sera délivrée par cinquième avec l'intérêt, *après le versement dans la Caisse* des Dépôts et Consignations.

Or, le premier cinquième était-il versé? non; 700,000 fr.

manquaient. Ils manquent depuis sept ans, et ils manqueront peut-être toujours.

Et cependant, la Commission, en liquidant un colon à 30,000 fr., ne lui a pas retenu 700 fr.; elle lui a donné tout ce qu'il avait droit d'avoir, peu soucieuse de savoir quand et comment il serait payé, et même s'il ne le serait pas du tout.

C'était pourtant pour une répartition que la Commission avait été instituée! maintenant, le commissaire du Roi fera-t-il rendre, à ceux qui auront reçu, le dividende à restituer pour payer ceux qui n'auront rien trouvé dans les coffres de la Caisse?

Sans doute, il a été bien heureux pour ceux qui ont été les premiers examinés, d'être payés les premiers: on ne s'en plaindrait pas, si par événement, ils n'avaient pas pris le bien des autres; car pour juger dix mille réclamations, il faut procéder par ordre, et commencer par une d'elles: mais qu'importe au dernier réclamant liquidé que ceux qui sont examinés avant lui attendent leur indemnité; il attend bien, lui! donc les autres peuvent bien attendre; et si les premiers sont en danger de mourir de faim, lui aussi est dans ce cas; et comme l'indemnité est pour tous les colons, et que personne n'a de privilége à exercer, c'était à la Commission à hâter ses travaux sans ordonner aucun paiement.

Pour réparer les torts causés par la marche fausse et imprudente de la Commission, on imagine depuis quelque temps des moyens qui tendent à diminuer le nombre des réclamans et le montant des liquidations.

On a dit que les travaux de la Commission durent depuis six ans: cela est vrai; mais il faut le temps à tout, et sous ce rapport, il faut rendre à la Commission seule cette justice que ses travaux sont éminemment soutenus.

Mais, depuis plus d'un an, on a adopté dans les bureaux

du commissaire du Roi et dans le sein même de la Commission des mesures extraordinaires.

Dans les bureaux, une activité brutale préside aux examens, et les réclamans en deviennent souvent les victimes.

Dans le sein de la Commission, des doctrines subversives et violatrices de toutes les lois surgissent pour repousser arbitrairement les prétentions des réclamans.

Quand un parti est arrêté, les meilleures raisons ne peuvent faire revenir contre, et le réclamant ne trouve devant lui qu'une barre de fer inébranlable.

Semblable aux bourreaux qui las de frapper leurs victimes une à une finissent par les égorger en masse, la Commission aujourd'hui n'opère presque plus de liquidations. Toutes ses décisions sont presque autant de rejets; les motifs les plus bizarres y sont mis en avant pour réduire les droits qui se trouvent trop clairement justifiés, et ces motifs sont soutenus par M. le commissaire du Roi avec autant de hardiesse que s'ils étaient bien fondés.

Et cependant, la Commission est composée d'hommes honorables et instruits, qui ne veulent que le bien; tant il est vrai qu'on ne peut calculer les déplorables effets d'une mauvaise marche, d'une fausse direction.

Au surplus, à quoi mèneront ces dispositions? feront-elles que l'indemnité ne monte qu'à 150 millions, au lieu de 162, comme M. le commissaire du Roi l'a annoncé lui-même?

Feront-elles que la liquidation soit au-dessous de 150 millions? cela n'est pas probable; car M. le commissaire du Roi, expert en la matière, a entrevu un excédant de 10 à 12 millions.

Enfin, tout cela paiera-t-il 700,000 fr. pour parfaire le premier cinquième?

Non; jamais.

Dans cette position, que deviendront les derniers liquidés? ile ne toucheront rien de leur premier cinquième.

On pourra bien leur dire alors dans les bureaux de la Commission que la répartition est maintenant faite ;

Qu'en effet, ils ont droit à une indemnité, dont le premier cinquième aurait dû leur être payé ;

Que vu le déficit des 700,000 fr., on n'aurait dû donner à ceux qui se sont partagé les 29 millions 300 mille fr. qu'une somme fixée d'après le marc le franc ; mais on terminera toujours en leur disant que c'est une chose faite, et qu'il n'y a rien pour eux.

Les colons qui n'ont pas touché ne peuvent voir plus long-temps compromis et en péril les justes droits qu'ils ont à exercer comme ayant droit à l'indemnité. Ce qu'ils demandent à faire, et ce qu'ils doivent faire, c'est d'empêcher qu'il ne sorte plus une obole des coffres de la Caisse des Consignations.

Ce ne sont donc pas les intérêts du premier cinquième seulement ; qu'il s'agit d'arrêter c'est le premier cinquième ou au moins ce qui en reste.

C'est dans ce but qu'une tierce opposition va être formée à l'arrêt rendu au profit des héritiers Charrier de Bellevue, contre la Caisse des Consignations.

C'est encore dans ce but qu'une opposition va être formée au paiement du restant du premier cinquième et de ses intérêts.

Mais ces deux actions sont d'une gravité extraordinaire ; et tous les colons non liquidés, comme tous ceux qui ne sont pas en état de toucher, doivent apporter à celui d'entre eux qui se met en avant pour écarter le péril commun le tribut de leurs moyens et de leurs lumières.

NOTE SUPPLÉMENTAIRE.

Depuis que la note ci-contre est écrite et publiée, la position des anciens colons est encore devenue plus mauvaise, et l'une des deux questions élevées (celle des intérêts) vient d'être résolue assez brusquement.

On avait dit que le gouvernement prétendait mettre à la charge des colons les frais de liquidation de l'indemnité, lesquels s'éleveraient à plusieurs millions; par le gouvernement, on entendait le ministère des finances.

Ce doute vient de se réaliser, et le ministre, à propos du budget et de l'allocation demandée d'une somme de 200,000 f. pour frais annuels de liquidation, vient d'escobarder à la Chambre des Députés un amendement par lequel les frais de liquidation seront prélevés sur les intérêts du premier cinquième de l'indemnité. C'est une affaire de deux millions au moins.

Cet amendement a passé inaperçu; il est probable qu'il n'y a que le député qui l'a proposé, qui sait au juste quelle en est la conséquence.

La Chambre, fatiguée comme elle l'est, a cru, dans sa bonne foi, que l'amendement proposé diminuait la charge de l'État, sans être d'un grand préjudice pour les colons, et elle a pu être autorisée à le croire, car l'amendement a été proposé comme la chose la plus simple et la moins importante à examiner.

Mais il se trouve aujourd'hui que la Chambre a été surprise, et que sa décision est en pleine contradiction avec la loi du 30 avril 1826.

Une protestation formelle va être mise par un grand nombre d'anciens colons sous les yeux de la Chambre des Pairs, et là, on aura une justice que la Chambre des Députés n'a pas été à même de rendre.

Cette protestation contiendra, sans doute, tout ce qui pourra être dit sur la matière, mais, dès aujourd'hui, il est facile de voir que la proposition faite, et adoptée à la Chambre des Députés, sera rejetée à la Chambre des Pairs.

En effet, la loi du 30 avril 1826 a dit que l'indemnité de 150,000,000 affectée aux anciens colons leur serait payée *sans aucune déduction au profit de l'État.*

Aujourd'hui, voici un amendement bâtard intercalé dans une loi de finances qui vient dire le contraire de ce qu'a ordonné la loi de 1826.

L'amendement ne peut donc être qu'une erreur, car la Chambre ne peut *déjuger; non bis in idem.*

En second lieu, sur quoi fait-on prendre les frais de liquidation? sur les intérêts du premier cinquième !

Ceci est encore un contre-sens, car les intérêts doivent appartenir aux propriétaires du capital; c'était donc sur le capital que la reprise devait être faite.

Enfin, l'État n'a pas le droit de disposer du bien d'autrui, et ici l'indemnité provient d'Haïti, et n'appartient qu'aux anciens colons.

L'État s'est approprié, il est vrai, le fonds commun des émigrés, mais le cas était bien différent, car l'État avait donné un milliard de ses propres deniers, et n'a fait que reprendre ce qu'il avait donné. Ici c'est toute autre chose;

en prélevant deux millions sur l'indemnité des colons, le ministre prend leur propriété; ce qui ne se peut.

On serait bien étonné, si on nommait l'auteur de la proposition faite à la Chambre des Députés! qui croira jamais que l'homme qui est nommé pour être le protecteur des intérêts des colons, et veiller à leur conservation, est celui qui vient d'aider à leur ruine!

www.ingramcontent.com/pod-product-compliance
Ingram Content Group UK Ltd.
Pitfield, Milton Keynes, MK11 3LW, UK
UKHW020448220726
13923UKWH00005B/2417

9 782019 261023